AF329176

OBSERVATIONS

SUR L'APPLICATION DES

PRINCIPES PACIFIQUES DU NOUVEAU TESTAMENT

A LA

CONDUITE DES PEUPLES,

ET SUR

LES LIMITES QUE CES PRINCIPES IMPOSENT

AU DROIT DE LA

DÉFENSE PERSONNELLE,

PAR

JONATHAN DYMOND.

TRADUIT DE L'ANGLAIS.

Dire que le Christianisme est un système de paix, et que ses principes sont de toute incompatibilité avec la violence des passions et l'infliction des injures, avec l'esprit de représailles et de vengeance, c'est énoncer des vérités dont personne ne doute, et sur lesquelles il est inutile d'insister. Les préceptes de paix sont si réitérés dans le Nouveau-Testament; la sanction dont ils sont revêtus a tant de solennité; les devoirs de longanimité et d'amour se montrent si étroitement liés à tout le système chrétien, qu'on ne saurait laisser tomber le doute sur l'obligation de ces devoirs sans mettre en question l'autorité même du Christianisme.

O.

Cependant, les actions humaines, soit de la part des individus, soit de celle des nations, sont loin de toujours concorder avec ces préceptes. Il s'en faut aussi que les moralistes donnent à l'obligation de leurs règles de conduite cette inflexibilité ou cette étendue qui distingue les injonctions de l'Évangile. En effet, bien que généralement nous reconnaissions l'autorité des préceptes qu'il renferme, des excuses sans nombre viennent constamment s'opposer à ce que nous les appliquions à notre conduite, et le sophisme est toujours là, prêt à justifier notre désobéissance.

Ces excuses et ces sophismes sont l'objet des observations qui suivent.

Le raisonnement auquel, peut-être, les partisans de la guerre attachent le plus d'importance, et qui, surtout, dispose à en faire reconnaître la légitimité aux esprits pensants, est celui-ci *il convient d'établir une distinction entre les règles qui nous concerne comme individus, et les règles qui nous concernent comme sujets de l'état ; en outre, les préceptes de paix donnés par le Christ sur la montagne, ainsi que toutes les autres injonctions et défenses de la même nature, prononcées dans l'Évangile, n'ont aucun rapport à notre conduite comme membres du corps politique.*

Remarquons d'abord que ceux qui mettent en avant cet argument reconnaissent que les dispositions du code chrétien sur la paix, la tolérance, le pardon, sont *absolument, et dans toute leur étendue, obligatoires pour les individus :* cette admission de principe, le lecteur est prié de ne pas la perdre de vue.

Il est évident que c'est à ceux qui font la distinction ci-dessus à en démontrer la nécessité. Le Christianisme pose certaines règles générales ; le partisan de la guerre prétend qu'il est des cas auxquels on ne saurait les appliquer : c'est donc celui-ci qui doit produire la raison de ses exceptions. Les règles générales sont obligatoires, à moins que leur inapplicabilité ne puisse être clairement démontrée ; et les règles générales dont il s'agit, c'est par les ministres revêtus de la puissance de Jésus-Christ, c'est par Jésus-Christ lui-même qu'elles ont été posées. On ne saurait donc trop se garder de restreindre ces règles par des exceptions appuyées sur une autorité *inférieure* à l'autorité qui les a établies.

La distinction entre les devoirs des individus et ceux des sociétés doit, ce nous semble, reposer sur l'une de ces deux propositions :

1° Comme il n'existe aucune loi qui ait une autorité assez générale et efficace parmi les nations pour garantir un état de la violence d'un autre, il est nécessaire que chaque société indépendante se protége elle-même; en d'autres termes : la sécurité d'un peuple ne peut quelquefois se maintenir autrement que par la guerre.

2° Attendu que l'utilité et la convenance générale des actions sont la base de leur moralité, et qu'il est quelquefois fort utile et expédient que la guerre ait lieu, la guerre est donc quelquefois légitime.

Voici comment on soutiendrait le premier de ces deux points : Si un individu est lésé, il existe en chaque état une autorité reconnue, légale et constitutionnelle qui est au-dessus de lui comme de l'auteur de l'injure, et à laquelle il peut en appeler, autorité qui enchaîne les passions nuisibles, ou punit les agressions; mais les nations ne reconnaissent point de supérieur ou de commun arbitre. La guerre, conséquemment, est le seul moyen qu'ait un peuple de se garantir de l'agression d'un autre.

Ce raisonnement est spécieux, sans doute; mais, comme tant d'autres, il suppose reconnu un point qui n'est nullement prouvé, et de la preuve duquel dépend néanmoins toute sa force. Il pose en fait que la *raison* pour laquelle il n'est pas permis à un individu d'user de violence est que *les lois l'exercent pour lui*. C'est en cela même que l'argument pèche : car le devoir de la tolérance d'individu à individu est fondé *non* en ce que les lois punissent l'agression, mais en ce que le *Christianisme enjoint la tolérance*. Sans doute, si l'existence d'un commun arbitre fondait seule le devoir de la tolérance, ce devoir ne serait pas obligatoire pour les nations. Mais ce que nous demandons qu'on prouve, c'est que le Christianisme affranchit les nations des devoirs qu'il impose aux individus. Voilà ce que l'argument précité ne prouve pas; il assume, en effet, que ces devoirs ne sont imposés ni aux uns ni aux autres.

Si l'on prétend que le Christianisme permet aux individus quelque degré, quelque espèce de résistance, et que, par conséquent, une certaine résistance de la part des états est légitime, nous ne le nions pas; mais si l'on ajoute que cette résistance va jusqu'à détruire nos semblables, — jusqu'à la guerre, nous le nions. Nous soutenons que les règles du Christianisme (1), avec quelque latitude qu'on les

(1) Par Règles du Christianisme, nous entendons non seulement ses préceptes positifs, mais aussi les devoirs qui résultent nécessairement des principes moraux, de l'esprit et des grands traits caractéristiques dont se compose le système entier

interprète, ne sauraient s'étendre à ce point. La tolérance est donc un devoir *antérieur* à toutes considérations sur l'état politique de l'homme; et, qu'il soit ou non sous la protection des lois, le devoir de la tolérance lui est imposé.

La seule vérité qui semble ressortir de l'argument que nous combattons, c'est que la difficulté d'obéir aux préceptes de tolérance du Christianisme est *plus grande* pour les nations que pour les individus. *L'obligation de leur obéir est la même dans les deux cas.* Que nul ne mette la difficulté d'obéir en opposition au devoir d'obéir; à qui le fait, il reste encore à apprendre une des lois les plus sacrées de sa religion, loi que sanctionnèrent les préceptes et surtout l'exemple du Christ, des apôtres et des martyrs; loi qui, en un mot, exige « l'obéissance au prix de la mort même. »

Il ne faut pas cependant en inférer que nous regardons la tolérance comme aussi difficile en pratique qu'elle le paraît en théorie. L'accomplissement de nos devoirs sert pour l'ordinaire à nos intérêts, et nous espérons démontrer ci-après que, probablement, l'exercice de la tolérance n'est pas en opposition avec ce résultat général.

A l'égard de la seconde proposition, que *la guerre est justifiée par l'expédience,* nous allons rapporter les raisonnements de l'un de ses plus habiles défenseurs, le docteur Paley, et, dans l'examen que nous en ferons, nous tâcherons de n'être guidés que par des principes à la fois simples, solides et chrétiens.

« La seule distinction, dit-il, qui existe entre les états indépendants et les individus indépendants, est fondée en ce que le résultat particulier semble quelquefois surpasser le bien de la règle générale; ou, en termes moins techniques : qu'il peut naître un plus grand désavantage de l'obéissance aux commandements du Christianisme que de leur transgression. *L'expédience,* dit-on, est le principe qui doit servir à juger la rectitude morale; c'est la mesure de nos devoirs. Si nous croyons qu'il est fort expédient de manquer aux obligations générales du Christianisme, cette opinion est le motif même qui nous justifie. Le docteur Paley continue : « Dans les transactions des particuliers, nul avantage résultant de la violation d'une loi générale de justice ne peut compenser, pour le public, la violation d'une loi; *dans les affaires des états il est permis quelquefois de douter de ce principe.* » Il dit qu'il peut y avoir des cas où « la grandeur du mal particulier nous porte à *mettre en question* l'obligation de la règle générale. » « On peut concevoir des circonstances où l'énormité du mal particulier l'emporte sur la tendance générale des actes. » Toutefois, relativement aux doutes qui doivent s'élever sur les cas où « *l'obligation* » des lois chrétiennes cesse, il dit que « la philosophie morale n'en fournit aucune solution précise; » il reconnaît même avec franchise et « le danger de laisser décider ce point à la partie lésée, d'après la comparaison des conséquences particulières et générales, et le danger encore plus grand de faire, de pareilles décisions, un code de précédents pour l'avenir. Si, par exemple, » ajoute-t-il, « les traités ne sont obligatoires qu'aussi longtemps qu'ils conviennent ou que leur inconvénient n'atteint pas un certain degré (degré que doit fixer le jugement, ou plutôt la disposition d'âme de celui qui se plaint), le monde perd à jamais le moyen, et c'est presque le seul qu'il y ait, de conjurer ou de faire cesser les fléaux de la guerre, de prévenir ou d'arrêter la destruction de l'espèce humaine. » Puis, considérant combien sont indéterminées ces règles de conduite, il finit par ces mots : « Tels sont cependant les principes sur lesquels doit être basé le calcul (des effets résultant de la violation des lois chrétiennes, ou de l'obéissance à ces lois). (1)

C'est ainsi que le docteur Paley reconnaît indirectement l'insuffisance des principes de la religion chrétienne dans des cas où il s'agit le plus essentiellement du bien-être et de la félicité du genre humain.

Un pareil raisonnement n'est évidemment fondé que sur cette maxime : *il est permis de faire le mal s'il peut en résulter du bien.* S'il doit y avoir du bien à violer un traité, nous pouvons le violer (2). L'égorgement de nos semblables produira un bien, donc il nous est loisible de les égorger. Nous le savons : le panégyriste de l'expédience nous répondra que cela n'est pas; il n'y a de mal dont, en somme, il résulte un bien; et que le bien ou le mal des actions consiste dans le bien ou le mal de leurs conséquences générales. Nous en appelons à l'esprit et à la conscience du lecteur : cette distinction est-elle dans le sens, dans l'intention de l'apôtre? A-t-il voulu dire à ses lecteurs qu'ils pouvaient violer leurs promesses les plus positives, arracher la vie à leurs frères en Christ, afin qu'il en dérivât un bien? Si telle

(1) Philosophie morale et politique, chap. *De la Guerre et des Établissements militaires.*

(2) Idem.

était la pensée de l'apôtre, la vérité ne lui permettait guère de déclarer *qu'il usait d'une grande simplicité dans ses paroles.*

« Tout ce qui est *expédient* ou utile est juste, » dit-on. Soit; mais comment déterminer l'utilité? Sera-ce par le calcul et les suppositions des hommes, ou par la science et la prévoyance de Dieu? L'utilité peut bien être le régulateur de nos devoirs, mais quel sera celui de l'utilité? Il ne saurait être, ce nous semble, autre que *les décisions émanées de Dieu touchant ce qui convient le mieux à l'homme.* Les calculs de l'utilité des « conséquences particulières et générales » ne nous sont pas laissés à faire, pour la plus péremptoire des raisons; c'est que nous n'en sommes pas capables. De pareils calculs, pour valoir quelque chose de mieux que de vagues suppositions, exigent de la prescience; et où faut-il chercher la prescience? Mais nos adversaires accordent que celui à qui seul appartient la prescience a déclaré que l'esprit de tolérance, de non-résistance, est ce qu'il y a de mieux pour l'homme (1). On prétend néanmoins que quelquefois ce n'est pas ce qu'il y a de mieux; que cela est quelquefois *inexpédient.* Comment parvient-on à le savoir? Jamais l'auteur de la loi ne l'a donné à entendre. D'où provient donc le droit de substituer nos computations à sa prescience? ou, ce droit une fois acquis, quelles limites en circonscriront l'exercice? Si, parce que nous jugeons que l'obéissance ne doit pas être avantageuse, il nous est permis de nous soustraire à la volonté du législateur dans un cas, pourquoi ne le pouvons-nous en dix? Pourquoi ne pouvons-nous abroger entièrement ses lois? *Jadis le mot « il est permis de faire »*. Hé bien! ce droit, on le revendique; mais de quelle manière l'exercera-t-on? On dit « qu'il est permis quelquefois de *douter* de l'obligation d'obéir; qu'en certains cas nous sommes portés à *mettre en problème* » la force obligatoire de la loi du Christ; que « l'on peut concevoir des circonstances » où *nous sommes libres de nous soustraire à cette loi;* que pourtant il est dangereux de « laisser décider ce point à la partie lésée; » enfin « que la philosophie morale ne fournit aucune solution précise » de tous ces doutes. Nous ne savons qu'opposer à de tels principes. On peut combattre un argument, prouver la fausseté d'une assertion; mais que répondre à des « possibilités » et à des « doutes? » Ceux qui se croient

______

(1) Cette vérité est admirablement démontrée dans un autre ouvrage du docteur Paley, *Preuves du Christianisme,* seconde partie, chap. II.

le droit de *supposer* que les lois chrétiennes peuvent être quelquefois suspendues, ont le droit de supposer que Jupiter est une étoile fixe, ou que l'existence de l'Amérique est une fiction. Nous ignorons quelle réponse le géographe ou l'astronome ferait à de pareilles suppositions, et nous ne savons pas mieux quelle réponse faire à celles qui nous occupent. Une communauté qui aurait à prononcer sur les « résultats particuliers et généraux » d'une mesure politique exigeant le sacrifice des principes de la religion chrétienne, présenterait nécessairement une infinité d'opinions diverses. Aux uns il paraîtrait *expédient* de suspendre la loi du Christianisme ; d'autres verraient moins de mal dans l'obéissance à ses préceptes que dans leur transgression ; celui-ci penserait que le « mal particulier » l'emporterait sur le bien de la « règle générale ; » celui-là trouverait tout le contraire. Quelle route suivre dans un pareil dédale ? et, s'il en est une sûre, comment la découvrir ? Ou, en d'autres termes, la rectitude n'est-elle autre chose que ce qui semble juste à chaque individu pris séparément ? Y a-t-il autant d'espèces de vérité que d'opinions contraires ? Est-ce là la simplicité de l'Évangile ? Est-ce là le sentier où nul voyageur, quelque insensé qu'il puisse être, ne s'égarera ?

Voilà donc les principes d'expédience sur lesquels on s'appuie pour prouver que les devoirs de la vie privée ne lient pas les citoyens. Nous le pensons : tout esprit droit ne peut qu'être frappé de leur caractère indéterminé et vague. En les exposant, le docteur Paley, ce semble, n'a guère fait qu'en exposer l'incertitude. En effet, on ne saurait dire si c'est pour ou contre son système qu'il a le mieux raisonné. Quant à nous, il nous paraît qu'il en laisse assez voir la fausseté, car nous pensons que *rien* ne puisse être considéré comme vérité chrétienne, s'il ne peut ressortir de preuves plus distinctes. Mais quel que soit le jugement du lecteur sur la conséquence du principe, il apercevra sans doute que la question toute entière, de la manière dont la traite le docteur Paley, est enveloppée d'une indécision vague à l'extrême, à laquelle il est difficile de croire que la loi chrétienne ait jamais voulu abandonner la question de morale pratique la plus grave que l'homme ait à résoudre, question qui a pour objet de déterminer si les chrétiens ont ou n'ont pas le droit de se détruire les uns les autres. Si, dans certaines circonstances, la guerre est sanctionnée par le christianisme (aux principes duquel on reconnaît qu'elle répugne), cela devrait être clairement démontré. Il faudrait que son évidence frappât dès le premier regard. Pour s'en convaincre il ne faudrait pas qu'on fût obligé de se livrer à une investigation critique de questions que les esprits ordinaires ne peuvent comprendre, et qu'il ne leur serait pas donné de résoudre, lors même qu'ils les comprendraient. Surtout, cette investigation ne devrait pas aboutir, comme nous avons vu qu'elle aboutissait, à de l'indécision, à des « doutes » dont même «la philosophie ne fournit aucune solution précise. » Mais, quand on n'oppose que de semblables doutes à l'évidence du Christianisme qui enjoint la paix; quand on soutient, non-seulement qu'ils militent contre cette évidence, mais qu'ils la contrebalancent et la remplacent, nous disons qu'un tel argument est plus que faible, qu'il est oiseux; qu'une telle conclusion ne manque pas simplement de validité, mais qu'elle est ridicule et insensée.

Les injonctions pacifiques du nouveau testament s'étendent à toutes les circonstances de notre vie, tant privée que publique; c'est ce que prouve l'universalité de l'obligation du Christianisme. Voici son langage essentiel touchant l'obligation des lois morales qu'il impose : « Ce que je vous dis, je le dis à tous. » Ainsi les lois pacifiques de notre religion sont obligatoires pour tous les hommes; pour le roi comme pour tout individu qui le conseille; pour tout membre de la législature, tout officier, tout agent, tout citoyen privé. Comment donc ce qui est illégal à chaque individu pourrait-il être légal à une réunion d'individus? Par quel moyen la désobéissance de l'un légitimerait-elle la désobéissance pour tous? Nous allons plus loin, et nous disons que, renoncer à la bienveillance chrétienne comme sujets, et la conserver comme particuliers, est parfaitement impossible. Quiconque possède cet empire sur ses passions, et cette charité universelle qui le portent à faire du bien à ceux qui le haïssent, à aimer ses ennemis dans la vie privée, ne saurait, sans abjurer les sentiments du chrétien, donner la mort à ses semblables parce qu'on les appelle ennemis publics.

Ainsi donc, nous regardons comme entièrement fallacieux le principe que les commandements pacifiques de l'Évangile ne nous concernent point comme sujets de l'état. Quelques-uns des arguments, par lesquels on cherche à l'établir, dispensent si légèrement des devoirs chrétiens, assument si gratuitement que, vu la difficulté d'obéir, l'obéissance n'est pas exigée, qu'ils servent plutôt à excuser qu'à justifier la distinction qu'ils ont pour objet de fonder. D'autres sont si misérablement vagues et indéterminés ; les principes qu'ils proposent sont si techniques, si inapplicables aux circonstances de la société, et, dans le fait, si incapables d'être mis en pratique, qu'il est difficile de se persuader qu'on ait voulu par là suspendre l'obligation de lois imposées par une révélation divine.

Après avoir prouvé ou prétendu prouver, de la manière ci-dessus rapportée, que la guerre est susceptible de justification, le docteur Paley indique les cas où il pense qu'elle est permise. « Les objets d'une guerre *juste*, dit-il, sont la précaution, la défense ou la réparation. » — « Toute guerre *juste* suppose une injure perpétrée, tentée ou crainte. »

Il faut l'avouer : si ces motifs justifient la guerre, à quoi sert de parler de moralité sur ce sujet ? C'est en vain qu'on s'étend sur les obligations morales, si l'on a le droit de déclarer la guerre toutes les fois que « l'on craint une injure. » Une injure dont l'insignifiance peut être illimitée ! Une crainte que rien ne prouve être raisonnable ! Ajoutez que ceux qui doivent juger si cette crainte est fondée sont ceux mêmes qu'elle domine ! Et qui court le plus de chances de porter un jugement faux que celui qui a peur ? Le docteur Paley nous a lui-même dit que « l'homme, obligé de raisonner son devoir quand la tentation de le transgresser l'assiége, est presque sûr d'arriver à l'erreur par son propre raisonnement. » La nécessité de ces raisonnements intempestifs, et la faculté qu'il en accorde, sont au nombre des objections capitales que l'on peut élever contre sa philosophie. On y voit qu'il est permis à une nation de suspendre les lois de Dieu, si cela lui semble « expédient, » et que c'est à elle à juger de cette expédience, au moment même où la tentation de les violer la travaille ! Le Christianisme aurait-il donc laissé à l'homme à déterminer sur de pareils principes la légitimité de la destruction de l'homme ?

Une morale de ce genre ne restreindra jamais la violence, la rapine et l'ambition. Elle peut servir d'objet aux spéculations du cabinet ; mais, nous osons l'affirmer, pour contrôler le genre humain elle sera toujours impuissante. Si, par leur nature, des règles morales ne peuvent ni ne veulent s'appliquer, elles sont inutiles. Qui s'imagine que, si les rois et les conquérants peuvent se battre quand ils ont des craintes, ils ne se battront pas lorsqu'ils n'en auront aucune ? Cette morale donne trop de latitude aux passions, pour conserver quelque empire sur elles. Ce n'est pas une morale praticable; ce n'est qu'une *théorie*, un système de morale inutile. Il nous faut des règles plus claires et plus exclusives; il nous faut une sanction plus évidente et plus immédiate. En vain le philosophe dira-t-il au général affamé de gloire : « Vous êtes libre de faire la guerre, pourvu que vous ayez souffert ou craigniez de souffrir quelque injure; autrement le christianisme vous le défend. » Le général lui citera vingt injures que l'on a essuyées, cent projetées, et dix mille qu'il redoute. Que répondra le moraliste?

Si jusqu'à présent le lecteur a bien voulu accorder quelque attention à nos raisonnements, peut-être sera-t-il disposé à nous la refuser en apprenant que nous condamnons, sans détour, toute guerre défensive, comme illégale. Mais cela ne saurait nous arrêter; notre tâche est de maintenir ce qui nous paraît être la vérité; si la vérité étonne, nous n'y pouvons rien : elle n'en est pas moins la vérité.

Le lecteur voudra bien ne pas perdre de vue que, sur la question de la guerre défensive, tous ses sentiments les plus intimes sont en hostilité contre nous; aussi nous le prions de chercher à atteindre une abstraction aussi complète que possible de l'influence de ces sentiments. C'est ce qu'il fera, sans doute, s'il veut mettre de la candeur dans l'investigation de la vérité. Nous ne tairons pas que les principes dont nous prenons la défense peuvent quelquefois demander le sacrifice de nos intérêts apparents. Le Christianisme a toujours été accoutumé d'exiger de pareils sacrifices : ce sont les épreuves de notre fidélité; et nous sommes persuadés qu'il se trouvera quelques-uns de nos lecteurs, qui, si nous parvenons à leur prouver que nous parlons le langage du Christianisme, n'auront pas besoin d'autre motif pour obéir à ses préceptes.

On a coutume de simplifier la légalité de la guerre défensive, et de la faire résider dans *le droit de la défense de soi-même*. C'est là une des places fortes du panégyriste de la guerre; c'est presque son dernier retranchement. *L'instinct de la conservation de soi-même, dit-on, est un instinct naturel ; et conséquemment, tout ce qui est nécessaire à la conservation de soi-même est selon la volonté de Dieu.* Ce raisonnement est spécieux; mais comme bien d'autres raisonnements spécieux, quoique juste dans ses prémisses, nous le croyons faux dans ses conséquences. Il est certain que l'instinct de la conservation de soi-même est un instinct que nous a donné la nature; mais ce qui ne l'est pas, c'est que, parce que cet instinct est naturel, nous ayons le droit d'ôter la vie aux autres. Le raisonnement que nous combattons paraît pécher en ce qu'il prend un instinct de notre nature animale pour une loi dont l'autorité est *transcendante*, tandis, au contraire, que le Christianisme exige que nous réfrénions nos instincts et nos penchants naturels, que nous les courbions sous le joug de ses préceptes. Aussi, quiconque méditera ce sujet, verra que régler les instincts de la nature, en restreindre l'exercice, est un objet proéminent de la morale chrétienne : et, selon nous, il est hors de doute que l'instinct en question fait partie de cet objet. « Si quelqu'un veut venir après moi, » dit Jésus-Christ, « qu'il renonce à soi-même, et qu'il se charge de sa croix, et qu'il me suive. Car quiconque voudra sauver sa vie, la perdra; et quiconque perdra sa vie pour l'amour de moi, la trouvera. » (Matth. xvi, 24, 25. Voyez aussi Matth. x, 37 à 39.) Nous ne prétendons pas qu'il faille déraciner aucun instinct naturel; mais nous soutenons qu'ils doivent tous être réglés et restreints, sans en excepter celui de la conservation de soi-même.

Et quels sont, en effet, les désirs et les actes auxquels cet instinct ne donne que trop souvent naissance? Ne sont-ce pas ceux mêmes que le Christianisme proscrit? l'esprit de vengeance, la résistance, les représailles? La vérité est que c'est contre le principe de la *défense* que sont dirigés les préceptes pacifiques du Christianisme. Le principe de *l'offense* ne semble pas même avoir été entrevu. Ce qu'on y lit c'est : « ne résiste pas au *mal*; » « triomphe du *mal* par le bien; » « faites du bien à ceux qui vous *haïssent*; » « aimez vos *ennemis*; » « ne rendez pas le mal pour le *mal*; » « qui te *frappe sur une joue*.» Tout cela suppose une offense, une injure ou une violence qui a précédé, et c'est *alors* que la longanimité est enjointe.

« Le principal moyen persuasif, dit un judicieux écrivain, qu'emploient ceux qui se prononcent en faveur de la guerre défensive, est un appel *aux passions* (1).» Aussi ne manquera-t-on pas de nous opposer l'attaque de l'assassin. On nous dira : « Supposons qu'un assassin, pénétrant dans votre chambre, s'élance, le bras levé, pour vous égorger, ne pensez-vous pas que la religion vous permette de le tuer? » Voilà le dernier refuge de nos adversaires. Voici notre réponse qui est explicite : *Nous ne le pensons pas* (2).

(1) Voyez *Examen impartial de la Légitimité de la Guerre défensive, par un membre de l'Église Anglicane.*

(2) Le lecteur ne doit pas croire qu'en soutenant que le caractère et l'esprit du

Nous n'avons pas craint d'aborder ce point extrême, parce que nous voulons répondre à toutes les objections. D'ailleurs, en rapportant celle-ci, à laquelle tous nos préjugés comme tous nos instincts prêtent leur force, nous prouverons, du moins, à ceux qui ne sont pas de notre opinion, que nous admettons franchement et sans réserve aucune, les conséquences de nos principes. Nous demandons au lecteur la même bonne foi, et le prions de remarquer que, dans le cas où ils ne résisteraient pas à cette épreuve, la tentative d'assassinat a peu de rapport pratique avec la guerre. Si nous lui adressons cette prière, ce n'est point parce que nous doutons de la possibilité d'établir nos principes, mais c'est afin que, si, dans ce cas particulier, nous lui paraissons ne pas réussir à les établir, il se rappelle que bien peu de guerres sont prouvées légitimes. Quelques-unes sont purement agressives; d'autres ont pour but le maintien d'une certaine balance de pouvoir; il en est par lesquelles on veut assurer des droits techniques ou spéculatifs; l'objet de quelques-autres enfin, et c'est peut-être le plus petit nombre, est incontestablement de repousser une invasion. Ce n'est que de celles-ci qu'on peut dire qu'elles ont quelque analogie avec le cas dont nous avons admis la supposition, et cette analogie même est rarement entière. Rarement, en vérité, a-t-on vu des guerres entreprises pour la seule conservation de la vie; rarement il n'est resté d'autre alternative à un peuple que celle de tuer ou d'être tué; et pourtant il faut se souvenir, qu'*à moins de cette seule alternative*, le cas de l'assassin ne peut servir de terme comparatif; sous le point de vue pratique, il ne se rapporte pas au sujet de la discussion.

Nous ignorons ce qu'entendent ceux qui disent que *la loi naturelle* autorise à tuer un assassin. Des principes tels que celui-ci, reçus inconsidérément pour autant de vérités évidentes, sont souvent le point où commencent nos erreurs; le point où la ligne jusque-là droite diverge, et d'où continuent ensuite toutes ses tor-

(1) Le lecteur ne doit pas croire qu'on soumette ... ser l'attaque de l'assassin. On nous dira : « Si le Christianisme ne permet pas de tuer un assassin, nous prétendions qu'il ne faut lui opposer *aucune résistance*. Ce serait peut-être en vain qu'on chercherait à définir avec précision la nature et le degré d'une résistance légitime dans ce cas; toutefois nous accordons volontiers que plusieurs espèces de défense personnelle sont légitimes et même obligatoires. On peut faire des représentations à un assassin; on peut le désarmer ou mettre en usage d'autres moyens analogues, qui non-seulement auraient pour but la conservation de soi-même, mais dont l'emploi serait ... l'acte d'une ... bienveillance pour l'agresseur ...

tuosités. Quelques gens parlent des lois de la nature comme si la nature était une législatrice qui se fût mise gravement à composer des lois pour la conduite des hommes. La nature ne fait pas de lois. Qui dit loi, dit législateur, et il n'est d'autre législateur pour les devoirs de l'homme que Dieu. Si, par *loi de nature*, on entend quelque chose dont la puissance et l'obligation sont *différentes* de celles de la Révélation, il est évident qu'on s'est formé un système de morale distinct, et opposé à celui qui est établi par le Ciel. Si l'on ne veut dire autre chose par *loi de nature* que ce qui est *conforme* à la Révélation, pourquoi s'en occuper? Il n'est pas probable qu'un moraliste éclairé oppose délibérément les lois de la nature aux lois de Dieu; mais les mettre seulement en avant, recourir à un principe ou à une loi quelconque pour déterminer nos devoirs, et cela indépendamment de la simple volonté de Dieu, nous paraît toujours dangereux, attendu qu'il doit y avoir beaucoup de gens qui, si on leur propose un tel principe pour règle de conduite, le regarderont, dans la pratique, comme le symbole *final* de la vérité. La consultation des lois naturelles, nous en sommes persuadés, a rarement éclairé l'homme sur ses devoirs, et ne l'a jamais induit à les remplir; jusqu'ici, elle n'a guère servi qu'à amuser les sectateurs de la morale philosophique.

Voici comment on prouve, ou plutôt comment on énonce le droit de tuer un assassin : « Il est une circonstance où tous les moyens extrêmes sont justifiables, savoir : lorsque notre vie est attaquée, et qu'il devient nécessaire à sa conservation de tuer l'assaillant. Cela est évident dans l'état de nature, à moins qu'on ne démontre que nou sommes obligés de préférer la vie de l'agresseur à la nôtre, c'est-à-dire, d'aimer notre ennemi *mieux* que nous-mêmes, ce qui ne peut jamais être un devoir de justice, et ne paraît être nulle part un devoir de charité. » Si nous étions disposés à nous livrer à une argumentation de ce genre, nous répondrions : bien qu'il puisse ne nous être pas demandé d'aimer nos ennemis *mieux* que nous-mêmes, il nous est enjoint de les aimer *comme* nous-mêmes; et, dans le cas en question, il resterait encore à déterminer celui dont la vie doit être sacrifiée : car il est certain que si nous tuons l'assaillant, nous l'aimons *moins* que nous-mêmes, ce qui semble un peu contraire à « un devoir de charité. » Au fond, il ne s'agit pas de savoir si nous devons aimer notre ennemi mieux que nous ne nous aimons, mais si nous devons sacrifier les lois du Christianisme pour conserver notre vie; si nous devons préférer les intérêts de la religion aux nôtres; si nous devons être disposés à « perdre la vie pour le Christ et l'Évangile. »

Ce système de crime pour crime a une tendance très-indéterminée. L'agresseur manque à ses devoirs en cherchant à me donner la mort, et moi, je puis, par conséquent, manquer aux miens en la lui donnant réellement. Le crime qu'il méditait justifie donc le crime que j'ai commis? Supposons qu'un martyr chrétien, ayant pratiqué une mine, y mette le feu, au moment d'être conduit au supplice, et qu'il sauve ses jours en anéantissant ses persécuteurs. Le Christianisme justifierait-il cette action? Et que dirions-nous de celui qui en serait l'auteur? Nous dirions que, quelle que fût sa *foi*, son *mode d'agir* était fort irrégulier; qu'il pouvait bien professer de *croire* à l'Évangile, mais que certainement il n'en *remplissait* pas les devoirs. Or, nous soutenons que, sous quelque face qu'on présente l'argument, le martyr et l'homme attaqué sont précisément dans le même cas. Celui qui allait périr sur un bûcher, et celui qu était sur le point de succomber sous le poignard d'un assassin, sont tous deux tenus de régler leur conduite par les mêmes lois; tous deux ils doivent se tenir prêts à offrir le sacrifice de leur vie en témoignage de leur fidélité à la religion : l'un, par opposition à la violation de son esprit et de ses principes moraux; l'autre, par opposition aux erreurs de foi, ainsi qu'à la corruption ecclésiastique. C'est en vain qu'on objecterait que la victime de la persécution aurait souffert pour la cause de la religion, puisqu'on en peut dire autant de celle du meurtrier. Il n'y a rien dans les dispositions du Christianisme qui fasse croire que l'obéissance à sa loi morale est moins importante que la persévérance dans sa foi, et qu'elle n'a pas d'aussi grands résultats pour le bonheur du genre humain; car celui qui, par sa fidélité pour l'Évangile, contribue à répandre les sentiments de charité et de paix, contribue, peut-être, autant à la félicité universelle, que celui qui, par le même moyen, propage la conviction des vérités religieuses.

D'ailleurs, et ceci mérite surtout d'être remarqué, si la religion chrétienne permet l'homicide à la défense personnelle, elle permet la guerre, sans imposer de restriction à cette défense. Voyons ce qui en serait résulté, si elle eût mis la vie d'un homme à la disposition d'un autre. Supposé qu'elle ait dit : *Vous pouvez tuer un homme en votre propre défense, mais vous ne pouvez faire une guerre défensive.* On ne trouverait pas peu d'exceptions dans l'application de ce précepte; elles seraient si nombreuses que sa partie restrictive serait nulle, parce qu'il n'existe, en réalité, aucune borne au droit de la défense de soi-même, qui, dans sa plénitude, devient guerre défensive. Effectivement, si un homme en peut tuer un autre, deux peuvent en tuer deux, dix peuvent en tuer dix, une armée peut détruire une armée, et c'est là la guerre défensive. Supposons encore que les Écritures chrétiennes aient dit : *Une armée peut combattre pour sa propre défense, mais pour nul autre objet.* Nous ne prétendons pas que les exceptions à cette règle-ci seraient assez nombreuses pour la rendre entièrement illusoire; mais nous ne craignons pas d'assurer que le politique qui la réduirait en pratique verrait qu'elle laisserait encore un vaste champ à la guerre, champ où pourraient se livrer plus de combats que n'en voudraient justifier les moralistes moins rigides que lui. Si des hommes constitués en armée peuvent se battre pour défendre leur vie, ils peuvent, ils doivent se battre pour défendre celle des autres. S'ils peuvent se battre pour défendre la vie d'autrui, ils combattront pour garantir leurs propriétés, puis leurs droits politiques, puis pour faire prévaloir leurs intérêts, puis pour ajouter à leur gloire, puis enfin pour assurer le triomphe de leurs crimes. Que l'on considère les gradations qui nous ont conduits à ce point culminant, et l'on reconnaîtra qu'en pratique, une armée l'atteindrait toujours avant qu'il fût possible de lui imposer le moindre frein. Sans doute, la différence est grande entre combattre pour la défense de sa vie, et combattre dans des vues criminelles; mais les degrés de l'un à l'autre se suivront toujours inévitablement. La lettre de la règle que nous avons supposée interdit un pareil résultat, mais cette règle ne pourrait jamais être qu'une vaine lettre. Il nous est facile, tranquillement assis dans le cabinet, d'indiquer les virgules, les points-virgules, les points finals de la carrière du soldat; nous pouvons fort aisément dire : il se bornera à défendre la vie, à protéger la propriété, ou à garantir tels droits; les armées ne nous écouteront jamais; nous ne serons que des Xerxès en morale, et nous jetterons d'inutiles chaînes dans une mer orageuse de sang humain.

Que dépose l'expérience? Lorsque deux peuples également exaspérés ont levé des troupes et livré des batailles, qui ignore qu'ils deviennent tour à tour agresseurs, quelque désir que l'un ait eu d'abord de s'en tenir à la simple défense? Dans la fureur du carnage, les soldats ne se livrent point, ne peuvent même se livrer spéculativement à des questions d'attaque. Leur besogne est de détruire, et ils veulent l'exécuter. Que l'armée de défense obtienne un succès, elle devient bientôt agressive. Ayant repoussé l'envahisseur, elle cherche à le punir. La guerre une fois commencée, c'est en vain qu'on s'occupe des distinctions d'attaque et de défense. Les moralistes peuvent *parler* de distinctions, les soldats n'en *feront* jamais : cela passe les bornes du possible.

Et, en effet, qu'est-ce qu'une guerre défensive ? Un moraliste célèbre en donne cette définition : c'est une guerre entreprise à cause d'une « *injure* perpétrée, tentée, ou crainte; » (1) ce qui prouve assez clairement combien il y a peu de rapport entre ces motifs et ceux que fournit l'*assassin*, car le calcul des *injures* ne comprend pas la crainte de la mort. Ainsi donc, si nous redoutons quelque lésion à notre bourse ou à notre *honneur*, il nous est loisible d'envoyer une armée dans le pays qui nous inspire cette crainte, et de massacrer les habitants, ce qui, dit-on, s'appelle guerre défensive. C'est par des raisonnements de cette espèce, si bien qualifiés de *logique martiale*, qu'on peut, sans trop de difficulté, donner à une guerre quelconque le caractère défensif. Mais nous soutenons que si le Christianisme permet la guerre de défense, il permet toutes les guerres, excepté celle de simple agression. A en juger d'après les principes moraux dont il s'agit, le véritable agresseur même n'est pas facile à distinguer, car celui qu'il nous plaît de *craindre* peut alléguer qu'il nous *craignait* auparavant, et que c'est *sa crainte* qui lui a fait prendre les mesures hostiles auxquelles *notre crainte* doit sa naissance. Il faut l'avouer : c'est en vain que l'on s'efforce d'établir des distinctions dans cette matière. La guerre doit être ou interdite ou permise entièrement et sans restriction, car jamais on n'aura, jamais on ne pourra avoir le moindre égard aux définitions de la guerre légitime et de celle qui ne l'est pas. Si, en aucun cas, le Christianisme permet que des armées s'attaquent et s'égorgent mutuellement, ses préceptes ne nous conduiront jamais au règne de paix dont les prophéties annoncent qu'ils nous feront jouir. Ainsi nul espoir d'anéantir le fléau de la guerre que par un absolu et entier abandon.

(1) Nous citons encore les expressions dont se sert le docteur Paley dans son chapitre intitulé *la Guerre et les Établissements militaires.*

« Mais quel est le principe que nous voulons consacrer ? C'est *de nous en remettre implicitement à la Providence du soin de nous défendre dans tous les cas où nous violerions ses lois en nous défendant nous-mêmes.* Ce principe a du moins une espèce de mérite qu'il faut refuser à certains systèmes de morale : celui d'être simple, facile à comprendre pour les esprits les moins élevés, et de s'adapter à toutes les circonstances de la vie.

Si un Être dont nous reconnaissons la sagesse infaillible a déclaré que telle conduite est convenable et utile à l'homme, il semble y avoir du ridicule et de l'irrévérence à prétendre qu'une autre peut valoir mieux. Le Tout-Puissant sait ce qui nous est avantageux ; il a déclaré que l'observation de ses préceptes de paix contribue à notre bonheur ; si, donc, il ne nous a pas dirigés dans la voie qui y conduit, la conséquence inévitable est qu'il nous a volontairement égarés. Le partisan de la guerre admettra-t-il cette conséquence ? S'il la repousse, comment échappera-t-il à la conséquence opposée que la voie de la patience et la paix est celle de l'utilité même ?

On dirait qu'il n'y a rien de plus simple que cette vérité : *un être sujet à l'erreur doit régler ses actions d'après les décrets d'une volonté incapable d'errer.* Aussi, est-il triste et honteux qu'un de ces êtres dont l'erreur est le partage, soit obligé d'insister formellement sur cette vérité, et de la prouver d'une manière systématique à ses semblables. Mais le crime endurci la dénie ; et la philosophie la dément par la mise en pratique de ses spéculations ; il faut donc recourir aux arguments pour la défendre.

Considérant que les devoirs de la religion émanée de Dieu imposent la non-résistance, il est sans doute raisonnable de croire, même sans consulter l'expérience, que Dieu fera que notre non-résistance favorisera nos intérêts ; que, si, pour obéir à sa volonté, nous nous exposons à des difficultés ou à des dangers, il nous protégera dans notre soumission, et la tournera à notre avantage ; que, s'il ne veut pas que nous ayons recours à la guerre, il maintiendra la paix ; enfin qu'il n'abandonnera pas ceux qui n'ont d'autre protecteur que lui, et qui ont renoncé à toute autre défense parce qu'ils se confient en lui seul.

Le témoignage des faits prouve que cette confiance est fondée. De ces milliers d'individus qui, en dépit de tous leurs intérêts apparents, ont mis leur confiance dans le ciel, un seul a-t-il dit qu'il s'en repentait, ou qu'en dernier résultat, cet acte de foi avait été

O. 2

stérile? Si, dans le calcul de nos intérêts, nous voulons exclure tout rapport à la vie future, *l'expérience* démontre encore, nous en sommes persuadés, que cette confiance est leur plus forte garantie, même dans le cours de notre existence terrestre.

> Integer vitæ scelerisque purus
> Non eget Mauris jaculis neque arcu,
> Nec venenatis gravidâ sagittis,
> Fusce, pharetrâ.

La vérité que renferment ces vers d'Horace est encore proclamée par une autorité bien supérieure à celle de ce poëte, et dans un langage bien plus énergique : « Quand l'Éternel prend plaisir aux voies de l'homme, il apaise envers lui ses ennemis même. »

On voit dans l'histoire d'Amérique qu'au commencement du siècle dernier, les naturels firent longtemps une guerre atroce aux colons européens, guerre provoquée, comme cela a presque toujours eu lieu, par les vexations et les violences des *chrétiens!!!* Le mode de destruction employé par les sauvages était aussi prompt que secret. Quelquefois ils attendaient à l'affût ceux qui passaient sur les chemins ou dans les champs, et, lorsqu'ils étaient arrivés à la portée du fusil, faisaient feu sur eux sans dire mot; d'autres fois, ils attaquaient les Européens dans leurs maisons, « leur arrachaient la peau du crâne, ou leur faisaient jaillir la cervelle à coups de massue. » Pour échapper à ces horreurs, les habitants abandonnaient leurs demeures et se retiraient dans des endroits fortifiés, ou dans le voisinage des garnisons; et ceux que la nécessité forçait encore à sortir des limites dans l'enceinte desquelles s'étendait cette protection, avaient soin de se munir d'armes. Cependant, au milieu de ces scènes de désolation et de terreur universelle, la *Société des Amis*, qui formait une partie considérable de la population, demeura fidèle à ses principes. Ils ne voulurent ni se retirer auprès des garnisons, ni se pourvoir d'armes; tandis que les autres colons s'enfuyaient vers les forts, eux restèrent dans les champs, travaillant à la terre ou dans leurs maisons, sans armes pour attaquer ni pour se défendre. Quel fut leur sort? Il jouirent du repos et de la tranquillité. Le Quaker, sans armes, trouvait la sûreté et la paix là où son voisin armé tombait sous le couteau des assassins. Trois individus de la Société furent cependant tués. Mais qui étaient-ils? Des gens qui avaient abandonné leurs principes. Deux de ces victimes étaient des hommes qui, suivant le langage simple du narrateur, « avaient coutume d'aller à leur travail sans armes, qui mettaient leur confiance dans le Tout-Puissant et la protection de sa providence, ayant pour principe de ne se servir d'aucune espèce d'arme pour nuire aux autres, ni pour se défendre eux-mêmes. Mais enfin la défiance s'empara de leur esprit, et ils portèrent des instruments de guerre pour se défendre. Les Indiens, qui les avaient vus plusieurs fois sans armes, et les avaient laissés tranquilles, disant que, comme c'étaient des hommes paisibles qui ne faisaient de mal à personne, ils ne voulaient pas non plus leur en faire, leur voyant alors des fusils, s'imaginèrent qu'ils avaient l'intention de tuer les Indiens, les assaillirent et les immolèrent. » La troisième victime fut une femme, « qui était restée dans son habitation, » ne croyant pas bien faire d'aller chercher « un abri dans un lieu fortifié avec son fils, sa fille, ou même ses enfants en bas âge. Mais quelque temps après, la pauvre femme fut saisie d'une crainte servile, et conseilla à ses enfants de se rendre avec elle à un fort assez peu éloigné de sa maison. » Elle partit, et ne tarda point à être « massacrée par les Indiens sanguinaires en embuscade sur son chemin »(1).

Pendant la rébellion d'Irlande, le sort des Quakers ne fut pas très-différent. Chacun sait que ce pays fut alors le théâtre nonseulement d'une guerre ouverte, mais aussi des assassinats les plus froidement calculés. Eh bien! les Quakers furent épargnés d'une manière remarquable. Souvent les passants, qui voyaient leurs maisons intactes au milieu des ruines de celles de leurs voisins, disaient, sans en connaître les propriétaires, « voilà des maisons de Quakers. » (2).

***

(1) *Choix d'Anecdotes*, par John Barclay, p. 71-79. Ce petit volume offre plusieurs exemples qui prouvent l'*utilité* des principes que nous voulons établir en cas d'attaque personnelle. Barclay, le célèbre apologiste du quakérisme, fut attaqué par un voleur de grand chemin. Il ne lui opposa, pour résistance, que de calmes représentations. Le brigand sentit le pistolet qu'il lui présentait échapper à sa main, et s'éloigna sans lui faire d'autre violence. Un nommé Léonard Fell fut attaqué par un voleur du même genre, qui lui prit son argent et son cheval, et le menaça ensuite de lui brûler la cervelle. Fell parle à cet homme d'un ton grave et imposant sur la criminalité de sa vie. Celui-ci est étonné : il déclare qu'il ne veut ni du cheval ni de l'argent, et les lui rend l'un et l'autre. « Si ton ennemi a faim, donne-lui à manger, car, en faisant cela, tu lui amasseras des charbons de feu sur la tête. »

(2) Les frères Moraves aussi, dont la conduite était pacifique, furent épargnés d'une manière extrêmement remarquable.

Il ne servirait de rien d'objecter à ces faits qu'ils forment une exception à la règle générale. L'exception, dans ce cas, consiste dans *l'épreuve* faite de la non-résistance, et non point dans son *succès*. Il ne serait pas plus raisonnable de prétendre que les sauvages d'Amérique, ou les partis contendants en Irlande, n'épargnèrent les Quakers que parce que ces derniers étaient connus *d'avance* pour être des gens inoffensifs, ou avaient, *auparavant* gagné leur bienveillance par la résignation et les bons offices : nous accordons tout cela; c'est la force même de notre argument. Nous posons en fait qu'un respect *uniforme, constant,* pour les injonctions pacifiques du Christianisme, *devient la sauvegarde de ceux qui l'observent.* Nous osons maintenir qu'on ne saurait assigner une seule raison pour prouver que le sort des Quakers ne serait pas celui de *tous* ceux qui, comptant sur la protection du « Prince de la paix, » adopteraient leur conduite. Il est impossible d'assigner aucune raison de croire que, si leur nombre eût été dix fois ou cent fois plus grand, ils n'auraient pas été conservés. Si cette raison existe, qu'on la fasse connaître. Les Quakers américains et irlandais étaient à la nation ce qu'une nation est à un continent; et nous sommes en droit de demander que le partisan de la guerre produise (ce qui n'a pas encore été produit) une raison de penser que, bien que des individus, exposés à la destruction, en aient été garantis, un peuple également exposé devrait périr. Néanmoins, si un peuple, sous l'influence ordinaire des passions humaines, se voyant envahi, déclarait soudainement vouloir essayer si la Providence le protégerait, nous ne disons pas qu'il obtiendrait la protection céleste, et qu'aucun individu de cette nation ne perdrait la vie; mais nous disons qu'il est démontré par l'expérience qu'un peuple, dont les rapports avec les autres hommes se basent habituellement sur les préceptes évangéliques, et qui, sans égard pour les suites, refuse constamment de recourir à des actes d'hostilité, *jouit de la protection dans son esprit de paix;* et il importe peu que l'on attribue cet effet à l'action immédiate de la Providence, ou à l'influence d'une pareille conduite sur les esprits.

Telle a été l'expérience faite dans la condition privée, par des hommes inoffensifs et indulgents. Un exemple *national* du refus de porter les armes n'a été donné qu'une fois au monde, mais cet exemple, si l'on considère les circonstances politiques dans lesquelles il a eu lieu, a prouvé, en faveur de notre cause, tout ce que l'humanité pouvait désirer, et tout ce que pouvait demander le scepticisme.

S'emparer d'un lieu par la force, ou du moins le défendre par l'épée, a été ordinairement le premier acte de ceux qui ont établi des colonies dans les contrées lointaines. On commence par bâtir un fort, qu'on met sous une protection militaire. Les aventuriers se font soldats, et la colonie garnison. La Pensylvanie, au contraire, a été colonisée par des hommes persuadés que la guerre était absolument incompatible avec le Christianisme, et qui résolurent d'y renoncer. Fermes dans cette détermination, ils n'eurent ni soldats ni armes. Ils se fixèrent dans un pays entouré de sauvages, et de sauvages qui savaient qu'ils n'étaient point armés. Si la facilité de les vaincre, ou leur impuissance de se défendre, devait les exposer à l'outrage, les Pensylvaniens auraient pu devenir l'objet de toutes sortes de violences. Chacun aurait pu les spolier sans craindre les représailles; des bandes armées qui auraient voulu les massacrer n'eussent éprouvé aucune résistance. Comme ils ne provoquèrent point l'outrage, nul ne fut exposé à l'influence d'une provocation. Cependant, ce sont ces mêmes hommes qui ne furent pas inquiétés dans la jouissance de leurs biens, tandis que tout ce qui les environnait tremblait sur sa propre existence. C'est leur terre qui était une terre de paix; toute autre était un foyer de guerre. La conséquence de ces faits est inévitable, quoique extraordinaire : ils n'avaient pas besoin d'armes, *parce qu'ils ne voulaient pas s'en servir.*

Et néanmoins les Indiens étaient assez disposés à attaquer les autres provinces où ils portaient souvent la désolation et la mort, avec cette férocité naturelle à des hommes dont la civilisation n'avait point adouci le caractère cruel, et à qui la religion n'inspirait aucun esprit de tolérance. « Mais quelles que fussent les contentions des Indiens de la Pensylvanie avec les autres colons, ils respectèrent constamment le territoire de Guillaume Penn, qu'ils regardaient comme sacré (1). » « Jamais ils ne tuèrent aux Pensylvaniens un seul homme, une seule femme, un seul enfant, ce qu'on ne saurait affirmer ni des colonies de Maryland et de Virginie, ni même de la grande colonie de la Nouvelle-Angleterre (2). »

La sécurité et le repos de la Pensylvanie ne vinrent pas d'une

(1) *Voir* Clarkson.
(2) Oldmixon, an 1708.

absence momentanée de guerre, comme cela arrive accidentellement à une nation. Elle continua d'en jouir pendant plus de soixante-dix ans (1), » et « se maintint au milieu de six nations indiennes, sans la moindre milice. (2). » — « Les Pensylvaniens se trouvèrent armés quoique dépourvus d'armes; ils devinrent forts quoique sans forces ; ils jouirent de la sécurité quoique les moyens ordinaires de sécurité leur manquassent. Durant la majeure partie d'un siècle, le bâton de « constable » fut le seul signe d'autorité parmi eux ; et l'administration de Penn, ainsi que celle des successeurs qui lui ressemblèrent, n'a jamais été troublée par une seule guerre ni par une seule querelle (3). »

Tout extraordinaire, tout unique que fût la sécurité dont jouirent les habitants de la Pensylvanie, elle ne nous étonne pas. Il y a quelque chose de si noble dans cette parfaite confiance au Suprême Protecteur, dans cette absence totale de « crainte servile, » dans cet abandon volontaire de tout moyen d'injure et de défense, que nous ne sommes pas surpris de voir la férocité même désarmée par tant de vertu. Un peuple assez généreux pour demeurer sans armes parmi de nombreuses tribus guerrières ! Qui pourrait attaquer un tel peuple ? Il est peu d'hommes assez méchants pour ne pas respecter une semblable confiance. Disons plus : qui ne la révérerait pas aurait atteint un bien haut degré de perversité.

Toutefois la sécurité de la Pensylvanie a fini par être menacée ; sa paix a été troublée, mais quand ? lorsque les hommes qui avaient dirigé ses conseils et qui *étaient résolus à ne point faire la guerre, furent en minorité dans sa législature;* lorsque *ceux qui pensaient qu'il y avait plus de salut dans l'épée que dans le Christianisme, formèrent le parti dominant.* C'est depuis ce moment que les Pensylvaniens, retirant leur confiance aux principes religieux, la mirent dans leurs armes; c'est aussi depuis ce moment jusqu'à ce jour qu'ils ont été exposés au fléau de la guerre.

Voilà le témoignage qu'offre une expérience nationale sur les résultats de la mise en pratique de la politique chrétienne quant à la guerre. Nous voyons un peuple qui refuse positivement de combattre; qui se met dans l'impuissance absolue de résister, en renon-

(1) Proud.
(2) Oldmixon.
(3) Clarkson, *Vie de Penn.*

cant à la possession des armes ; et c'est ce peuple dont le territoire, entouré de tumulte et de carnage, est marqué pour être le séjour de la sécurité et de la paix. La vertu chrétienne donne une fois l'occasion de juger s'il y a sûreté à nous en remettre à Dieu de notre défense, et ce jugement est affirmatif.

Si les preuves que nous avons ne nous convainquent pas qu'il soit sûr de nous confier à Dieu, quelles preuves nous faut-il? ou quel témoignage sommes-nous à même de recevoir? Nous avons sa promesse de protéger ceux qui abandonneraient leurs intérêts apparents pour accomplir sa volonté; et ceux qui ont mis leur confiance en lui témoignent qu'il les a protégés. Le fauteur de la guerre peut-il, dans l'histoire de la race humaine, citer un seul homme qui, ayant obéi implicitement et sans condition à la volonté du ciel, n'ait pas reconnu que sa conduite était *sage* aussi bien que vertueuse, concordante avec ses *intérêts* comme avec son devoir? Nous faisons la même question sur les obligations particulières qu'impose le principe de la non-résistance. Où est l'homme qui regrette d'avoir, en suivant les préceptes pacifiques de l'Évangile, remis le soin de sa conservation à la surveillance divine? L'exemple national unique, que nous venons de rapporter, confirme le témoignage de ceux pris dans la condition privée, car nous sommes assez fondés à croire qu'aucun peuple, dans les siècles modernes, n'a eu autant de vertu et n'a joui d'une aussi grande portion de bonheur que la communauté pensylvanienne avant qu'elle eût coopéré à l'effusion du sang. Ainsi, nous répétons la question : quelles preuves nous faut-il? ou quel témoignage pouvons-nous recevoir?

Il faut le déclarer : l'origine de nos aberrations est NOTRE MANQUE DE FOI EN LA PROVIDENCE DE DIEU. Quand on nous présente ce fait d'une manière formelle, peut-être nous semble-t-il faux; mais nos actions sont des preuves certaines de sa vérité, car si nous croyions à la Providence, nous nous y *fierions* aussi, et nous ne refuserions pas de nous en remettre à elle des suites de notre obéissance (1).

« Il faut se fier à la Providence » est une phrase qui revient assez souvent, sans doute, mais dont nous ignorons singulièrement l'application à la conduite de la vie. Qui est celui qui se fie à la provi-

---

(1) « La crainte de périr par la main de nos ennemis si nous ne leur rendons pa[s] guerre pour guerre, est une preuve claire et indubitable que nous ne croyons pas [à l]a providence divine. » *Examen impartial*, etc., précité.

dence divine, et pour quel objet s'y fie-t-il? Sa confiance le porte-
t-elle à se départir de sa propre manière d'envisager ses intérêts et
sa sûreté? à suivre simplement des préceptes qui lui paraissent
inexpédients et périlleux? C'est une confiance de cette nature qui a
du prix, et que l'on connaît si peu. Bien des gens sont persuadés
que le Christianisme réprouve la guerre, et se réjouiraient de la
voir à jamais abolie, mais il en est peu qui veuillent lui opposer une
courageuse, une inflexible résistance. On sait vanter les charmes
de la paix; on sait démontrer l'illégalité de la guerre; mais que ce
principe entraîne des obstacles ou des peines à sa suite, alors on
n'ose pas se refuser à ce que l'on reconnaît être illégal; on craint de
réaliser ce système de paix pour lequel on professe tant d'admira-
tion. Oui, les soutiens dont le Christianisme a besoin, ce sont des
hommes prêts à subir les conséquences d'une obéissance invariable.
Il lui faut des hommes qui veuillent *souffrir* pour ses principes.

Il est nécessaire que nous connaissions les principes qui nous
gouvernent. Les règles de notre conduite sont-elles, ou non, des
injonctions de Dieu? S'il existe quelque leçon de morale qu'il importe à l'espèce humaine d'apprendre, et s'il en est une qu'elle n'ait
pas encore apprise, c'est la nécessité d'accomplir purement et simplement les devoirs du Christianisme sans égard pour les conséquences. Dirigée par les préceptes évangéliques, notre conduite
offrirait indubitablement une plus grande harmonie, et nos jours
s'écouleraient au sein de jouissances plus pures, dans une paix plus
profonde. La terre a vu plusieurs exemples de cette fidélité et de
cette confiance. Quels ont été les martyrs chrétiens dans tous les
siècles, sinon des hommes qui sont restés dévoués à leur religion
sans calculer les suites de leur dévouement? Ils furent fidèles à la
foi chrétienne; c'est à la morale chrétienne que nous devons l'être :
sans morale, toute profession de foi est vaine. Nous avons vu aussi
que les devoirs de la morale et ces mêmes préceptes de paix ont eu
leurs martyrs; ces devoirs, ces préceptes existent toujours, mais
où est l'obéissance?

Nous l'espérons, dans l'intérêt de son esprit et de son cœur! le
lecteur ne dira pas que nous raisonnons dans la supposition que le
monde est ce qu'il n'est point; et que, tout obligatoires que ces devoirs pourront être quand le monde deviendra plus moral, nous
devons nous adapter à l'état présent des choses tel qu'il est. Cela
équivaudrait à dire que, dans un pays d'assassins, l'assassinat serait

juste. Si nul ne veut commencer à réformer sa conduite que lorsqu'un autre l'aura précédé, la réforme ne commencera jamais. Si les apôtres, les martyrs, ou les réformateurs se fussent « adaptés à l'état présent des choses, » que serait devenue la religion chrétienne? Réformer est le devoir de celui qui voit qu'une réforme est nécessaire. Le monde n'a pas d'autre moyen humain de se perfectionner. Vous croyez que le Christianisme interdit la guerre? en ce cas, vous êtes tenu d'agir conformément à cette conviction; et, si la crainte ou le soupçon vous fait élever des doutes sur les suites de vos actions; ou, si vous cherchez à savoir pourquoi d'autres ont des vues et une conduite différentes, alors appliquez-vous les paroles du Sauveur : « Que t'importe? toi, suis-moi. »

Notre grand malheur vient de ce que, dans l'examen des devoirs religieux, nous ne les considérons pas avec assez de simplicité. Nous ne les pesons pas sans y ajouter ou en retrancher quelque chose. C'est presque toujours à travers un milieu qu'ils nous apparaissent. Entre eux et l'œil de l'observateur s'interpose un verre à demi transparent, peint de diverses couleurs, et présentant les objets sous des formes qui varient à l'infini. C'est par notre éducation et nos passions que ce verre est coloré. Notre culture morale n'est parfaite que quand elle nous met en état de l'éloigner de notre vue, car ce n'est qu'alors, et seulement alors, que nous apercevons les devoirs du Christianisme tels qu'ils sont. *Obéissance absolue sans égard aux conséquences,* voilà la grande obligation qui nous est imposée. Nous n'ignorons pas que les moralistes disent le contraire; nous savons qu'ils nous prescrivent, pour déterminer nos devoirs, le calculer la convenance, l'utilité, et les suites futures de nos actions; mais, nous en avons la conviction intime, quel que soit le point où la philosophie nous enseigne à refuser aux décrets de la religion une obéissance absolue, on reconnaîtra que, lorsque le Christianisme aura acquis plus de pureté et plus de force, il doit anéantir cette philosophie jusque dans ses derniers vestiges. En effet, Dieu a promis que, « on ne nuira, et on ne fera aucun dommage à *personne* dans toute la montagne de sa sainteté. » Il nous est impossible de douter de l'arrivée d'une telle époque; nous y croyons, parce qu'il n'est pas présumable que le Créateur souffre toujours que l'homme périsse par la main de l'homme; parce qu'il a déclaré qu'il ne le souffrira pas; enfin, parce qu'il nous semble voir appro-

cher d'une manière sensible le moment où il dira : « C'est assez. » (1)
Nous nous réjouissons dans cette pensée ; nous nous félicitons de
voir augmenter le nombre de ceux qui demandent si « l'épée dévo-
rera à jamais ? » et de ceux qui, quelles que soient les opinions
ou les actions des autres, disent ouvertement : « Je ne cherche que
la paix. » (2)

(1) 2 Sam. xxiv, 16.
(2) Psaume cxx, 7.

IMPRIMERIE DE H. FOURNIER ET Cᵉ, RUE SAINT-BENOIT, 7.

www.ingramcontent.com/pod-product-compliance
Lightning Source LLC
LaVergne TN
LVHW050333030726
842520LV00005B/1913